AF550693
www.entdecke.de

Entdecke die Pandas

Eveline Dungl & Kriton Kunz

4., aktualisierte Auflage 2024

ISBN: 978-3-86659-409-8

An der Kleimannbrücke 39/41
48157 Münster
Tel.: 0251-13339-0, Fax: 0251-13339-33
E-Mail: verlag@ms-verlag.de
Home: www.ms-verlag.de
Geschäftsführung: Matthias Schmidt
Layout: Isabell Büchter
Lektorat u. Bildredaktion: Kriton Kunz
Druck: Drusala, Dobrá

Titelbild: TUNS/Arco Images GmbH
Rückseite: GlobalP/iStock Images
Vorsatzpapier: LianeM/shutterstock

Arco Images GmbH
S.5: FLPA, Bernd Rohrschneider
S.8/9: Minden Pictures, Pete Oxford
S.16/17: H. Reinhard
S.18 oben: G. Lacz
S.18/19 unten: Minden Pictures, Katherine Feng
S.25: Minden Pictures, Mitsuaki Iwago
S.26: Minden Pictures, Katherine Feng
S.27 unten: Minden Pictures, Katherine Feng
S.30 oben rechts: NPL, Andy Rouse
S.31 oben: Minden Pictures, Mitsuaki Iwago
S.37 (2x): NPL, Will Burrard-Lucas
S.40: E. Baccega
S.42/43 (5x): Minden Pictures, Katherine Feng
S.44 unten: Minden Pictures, Cyril Ruoso
S.47 oben: imageBROKER, Richard Dorn
S.47 Mitte: FLPA, John Holmes
S.47 unten: Schoening
S.52/53: Minden Pictures, Katherine Feng
S.52 unten: FLPA, Bill Coster
S.53 Mitte: Minden Pictures, Katherine Feng
S.53 unten: Minden Pictures, Mitsuaki Iwago
S.54/55: Minden Pictures, Katherine Feng
S.56 Mitte: Minden Pictures, Katherine Feng
S.57 (2x): Minden Pictures, Katherine Feng

iStock Images
S.3: GlobalP
S.4: Hung_Chung_Chi
S.7 oben: Roddy1red
S.7 Mitte: -oqlpo-
S.10 oben: GlobalP
S.10 unten: GlobalP
S.19 oben links: Nicholas Wright
S.20: leungchopan
S.21 oben: f9photos
S.22 oben: Donyanedomam
S.22 unten: f9photos
S.23: GlobalP
S.23 oben: kreinick
S.24/25: illionaire
S.28 hinten: ROSE63
S.28 unten: zokru
S.29 Mitte: Musat
S.30 unten: Tamas-V
S.32 links: Rob Jorg
S.33: CreativaImages
S.36/37: bo1982
S.38: Goddard_Photography
S.39 oben: Huyangshu
S.39 unten: brendanvanson
S.41 oben: lzf
S.41 unten: GlobalP
S.45: Chester Ho
S.48 unten: malcolm the
S.49 oben: abzerit
S.49 unten: AL-Travelpicture
S.51: Louis-Michel DESERT
S.63: GlobalP
S.64: GlobalP

shutterstock
S.1: shejian
S.2: Eric Isselee
S.6: Eric Isselee
S.7 unten: Valentin Valkov
S.10 Mitte: Benny Marty
S.11: unive
S.12: Hung Chung Chih
S.13, 2x: Pascale Gueret
S.17: ii-graphics
S.18/19 (Bambus): asharkyu
S.21 unten: Wanchai Orsuk
S.27 oben: mspoli
S.28/29 (Bambus): Del Boy
S.29 unten: simona pavan
S.30 oben links: Justin Black
S.31 unten: Roman Babakin
S.32 links: Del Boy
S.32/33: adul24
S.34: Sergei Nechaev
S.35: SAHACHATZ
S.44 oben: Labusova Olga
S.46/47: feiyuezhangjie
S.48 oben: I. Noyan Yilmaz
S.50/51: Justin Black
S.56 oben: Hung Chung Chih

Sonstige
S.8: F. Berillon, Bayonne / Jebulon; Bibliothèque nationale de France; Wikipedia

Daniel Zupanc
S.14, S.58/59, S.60 (2x)

Eveline Dungl
S.15, S.61 (2x)

Inhaltsverzeichnis

Sehen Pandas nicht einfach unheimlich putzig aus?

Kein Riese

Wie groß bist Du, und wie viel wiegst Du?

Männchen des Großen Pandas werden höchstens etwa 120 bis 190 Zentimeter lang und erreichen eine Schulterhöhe von 75 Zentimetern, maximal bis 90 cm. Sie können im Extremfall bis zu 160 Kilogramm auf die Waage bringen – das entspricht dem Gewicht von rund 155 Tüten Milch. Weibchen bleiben deutlich kleiner und leichter.

Im Durchschnitt wiegt ein erwachsener Panda „nur“ etwa 100 bis 115 Kilogramm. Zum Vergleich: Eisbär und Kodiakbär können über 700 Kilogramm schwer werden!

Willkommen in der Welt der Pandas!

Kann es ein Tier geben, das auf Anhieb sympathischer und kuscheliger wirkt als der Panda? Wohl kaum! Sein etwas pummeliges Äußeres, das behäbige, „bärige" Wesen und die markante Fellzeichnung tragen zu diesem freundlichen Eindruck bei. Kein Wunder, dass der Panda als Symbol für die Bewahrung der Natur und für den Artenschutz ausgewählt wurde, aber auch sehr häufig in der Werbung auftaucht – denn wer könnte zu einem Produkt „nein" sagen, von dem einem das Gesicht eines Pandas entgegenlächelt?

Die Wirklichkeit sieht für den Panda allerdings nicht so rosig aus, denn er ist gefährdet – das heißt, es besteht die Gefahr, dass die Art in der Natur aussterben könnte. Woran das liegt und was wir dagegen tun können, das erfährst Du in diesem Band der „Reihe mit der Eule".

Vor allem aber möchten wir Dir zusammen mit dem cleveren Eulchen Xabi diesen faszinierenden Bären näher vorstellen, denn es gibt unheimlich viel Erstaunliches über ihn zu berichten. Komm also gleich mit auf eine spannende Reise durch die Welt des Pandas!

Kurzer Schwanz

Der Schwanz des Großen Pandas ist mit rund 10 bis 15 Zentimetern Länge ziemlich kurz und fällt daher kaum auf. Das ist für alle Bären typisch. Allerdings hat der Panda damit immer noch den zweitlängsten Schwanz aller Bärenarten. Länger ist nur der Schwanz des Lippenbären, der ebenfalls in Asien lebt – einen rennenden Lippenbären siehst Du auf diesem Foto.

Kindchenschema

Ein paar Gründe, weshalb Menschen Pandas schon auf den ersten Blick liebenswert finden, hast Du im einleitenden Kapitel schon gelesen. Dazu kommen aber noch besondere Merkmale, deren Gesamtheit Wissenschaftler das „Kindchenschema" nennen. Dazu gehört, dass der Kopf im Verhältnis zum Körper sehr groß ist. Das Gesicht ist rundlich, die Augen des Pandas wirken durch die schwarzen Flecken besonders groß und sind nach vorn gerichtet. Die Nase ist klein, und Vorder- sowie Hinterbeine sind relativ kurz.

All diese Eigenschaften sind typisch für die Babys von Menschen und Wirbeltieren. Sie sorgen dafür, dass in erwachsenen Menschen oder Tieren der Fürsorge-Instinkt erwacht: Wir empfinden solche Merkmale als ansprechend und schützenswert – ob nun bei Menschenbabys oder bei Pandabären, und spüren das Bedürfnis, uns um sie zu kümmern.

Rundes Gesicht, großer Kopf, kurze Gliedmaßen – solche Merkmale des Kindchenschemas sorgen dafür, dass wir Pandas „süß" finden

Weil Pandas dem Kindchenschema entsprechen, lassen sich mit ihnen alle möglichen Produkte gut verkaufen, vom Regenschirm bis zum Lolly

Ein Tier, viele Namen

Meist wird die Art, um die es in diesem Buch geht, Großer Panda genannt. Es gibt nämlich auch den Kleinen Panda, aber dazu später mehr. Weitere Namen sind Riesenpanda, Pandabär, einfach Panda oder Bambusbär. In China, seinem Heimatland, wird der Große Panda unter anderem als dà xióng māo bezeichnet, das heißt „große Bären-Katze", oder nur als xióng māo, also „Bären-Katze". Woher der Name „Panda" stammt, ist nicht ganz klar. Vielleicht kommt er vom nepalesischen Wort „poonya", auf Deutsch „Bambusfresser" – Nepal ist ein Nachbarland Chinas.

Die gleichen Merkmale wirken auch bei Babys auf uns und lösen aus, dass wir sie umsorgen möchten

Erst spät entdeckt

Der Panda ist sicher eines der bekanntesten Tiere überhaupt, und sicher wirst Du so schnell niemanden finden, der noch nie ein Foto dieses Bären gesehen hat. In seiner chinesischen Heimat kannte man den Panda natürlich seit jeher. Wissenschaftler aus westlichen Ländern dagegen wurden erst überraschend spät darauf aufmerksam, was für ein eindrucksvolles Tier in den Bergen Chinas lebt.

Im Frühjahr 1868, also vor nur rund 150 Jahren, gelangte ein französischer Naturforscher in das Verbreitungsgebiet des Großen Pandas: Jean Pierre Armand David. Er gehörte dem katholischen Orden der Lazaristen an und war als Missionar in China unterwegs, wollte dort also den christlichen Glauben verbreiten. Außerdem kannte er sich hervorragend mit Gesteinen, Vogelkunde, Tierkunde generell und Pflanzenkunde aus.

Wie staunte dieser Ordensbruder, als er bei einem chinesischen Gastgeber das Fell eines erlegten Pandas zu Gesicht bekam! Sofort war seine wissenschaftliche Neugier geweckt. In seinem Auftrag brachten ihm einheimische Jäger weitere Exemplare. Zwei davon konnte er sogar lebend beobachten. In der Folge beschrieb der Pater den Panda wissenschaftlich – damals war die Entdeckung einer solch spektakulären Art eine regelrechte Sensation!

Pater Armand David entdeckte den Großen Panda für die Wissenschaft

In seiner Heimat, China, war der Große Panda natürlich schon immer bekannt

„Schwarzweißer Katzenfüßer“

Wissenschaftler geben allen Tieren einen aus zwei Teilen bestehenden Namen, der sich aus lateinischen oder ins Latein übertragenen Wörtern zusammensetzt. Das hat den Vorteil, dass dieser Name auf der ganzen Welt gleich ist, also überall verstanden wird. Der wissenschaftliche Name des Großen Pandas lautet *Ailuropoda melanoleuca*. Das bedeutet übersetzt: „Schwarzweißer Katzenfüßer“.

Ein richtiger Bär!

Pater Armand David, der den Großen Panda wissenschaftlich beschrieb, erkannte sofort, dass es sich um einen Bären handelte. Spätere Forscher aber nahmen an, in Wirklichkeit sei der Große Panda viel näher mit dem Kleinen Panda verwandt – mehr über dieses hübsche Kerlchen kannst Du im Kasten unten nachlesen.

Der Große Panda ist ein echter Großbär, genau wie dieser Braunbär

Nicht verwandt: der Kleine Panda

Nach neuesten Erkenntnissen ist der Kleine Panda, auch Roter Panda oder Katzenbär genannt, nicht mit den Großbären verwandt, sondern mit den Marderartigen, also beispielsweise mit Stinktieren, Kleinbären wie dem Waschbären oder Wieseln.

Kleine Pandas leben im Osten der Himalaya-Gebirgskette und im Südwesten Chinas. Wie ihr Namensvetter, der Große Panda, ernähren sie sich vor allem von Bambus.

Kleine Pandas werden etwa 120 Zentimeter lang. Allerdings entfällt rund die Hälfte davon auf den buschigen Schwanz.

Inzwischen jedoch haben sich Zoologen, also Tierforscher, noch einmal ganz genau Fossilien beider Arten und ihrer Vorfahren angeschaut. Fossilien sind zum Beispiel Versteinerungen von Knochen aus früheren Zeiten. Außerdem konnten die Forscher die Genetik der Tiere untersuchen, also ihre Erbsubstanz. Das Ergebnis: Der Große Panda ist doch ein „richtiger" Bär, also nah beispielsweise mit Eisbär, Braunbär oder Schwarzbär verwandt, den sogenannten Großbären. Und genau wie andere Großbären auch sind Pandas Bodenbewohner, können jedoch sehr gut klettern und schwimmen, wenn es sein muss.

Alle Großbären besitzen ein mächtiges Raubtiergebiss, wie es dieser Grizzly sehen lässt

„Unverwechselbär“

Viele Tiere ähneln sehr stark anderen Arten, man kann sie daher leicht miteinander verwechseln. Beim Großen Panda dagegen ist das ganz sicher nicht der Fall: Seine Färbung und Musterung machen ihn absolut „unverwechselbär“!

Sein Fell ist dicht, lang und besonders am Po wollig, sonst teils sogar seidig. Die Grundfarbe des Haarkleids ist Weiß. Schwarz dagegen ist der Pelz an den Beinen, und von den Vorderbeinen aus zieht sich das Schwarz bis über die Schultern. So entsteht meist sogar ein vollständig schwarzer Ring um den Vorderkörper. Die Schwanzspitze ist bei einigen Exemplaren ebenfalls schwarz.

Besonders die Gesichtszeichnung fällt auf: Die Ohren sowie die Umgebung der Augen sind schwarz. Die Haut dagegen ist nicht schwarz, auch wenn das manchmal behauptet wird.

Die Flecken um die Augen sehen bei jedem Panda ein bisschen anders aus

So alt!

In der Natur können Große Pandas etwa 20 Jahre alt werden, in menschlicher Obhut dagegen erreichen sie ein noch viel höheres Alter: Der älteste bekannte Panda wurde 38 Jahre alt! Es war das Weibchen „Jia Jia“ aus Hongkong.

Du fragst Dich vielleicht, wozu ein Tier eine so auffällige Musterung und Färbung entwickelt hat. Dazu gibt es verschiedene Ideen. Manche Forscher glauben, damit könnten die Bären die Körpertemperatur regulieren, andere wiederum nehmen an, so seien die Tiere in ihrem Lebensraum besser getarnt.

Einen völlig anderen Gedanken hatte vor ein paar Jahren ein Forscherteam aus Österreich, zu dem auch Eveline gehörte, die zusammen mit Kriton dieses Buch geschrieben hat: Könnte das Fleckenmuster vielleicht dazu dienen, dass die Bären sich gegenseitig erkennen? Unser cleveres Eulchen Xabi wollte es natürlich genau wissen und fragte Eveline darum, was sie damals im Rahmen ihrer Doktorarbeit im Tiergarten Schönbrunn in Wien, Österreich, herausgefunden hat.

Passgänger

Eine Besonderheit der Großbären generell ist es, dass sie sich bevorzugt im Passgang fortbewegen. Das bedeutet, dass sie beim Gehen immer die Beine jeweils einer Körperseite gleichzeitig nach vorn setzen. Wie das aussieht, kannst Du auf diesen Bildern sehen.

Eveline, die im Wiener Tiergarten Schönbrunn für die Pandas verantwortlich ist, hat dem neugierigen Eulchen Xabi erklärt, was es mit den Augenflecken der Pandas auf sich haben könnte

Xabi: Eveline, Pandas gleichen einander doch wie ein Ei dem anderen – oder?

Eveline: Tja, Xabi, auf den ersten Blick scheint es tatsächlich, als würde ein Panda aussehen wie der andere. Betrachtest Du ihre Gesichter jedoch genauer, wirst Du kleine Unterschiede erkennen. Die schwarzen Augenflecke haben von Tier zu Tier eine unterschiedliche Form und Größe. Auch die Neigung der Augenflecke zueinander kann variieren.

Xabi: Aber diese Unterschiede sind doch minimal! Können die Pandas damit wirklich etwas anfangen?

Eveline: Genau das haben wir uns auch gefragt. Um es herauszufinden, habe ich den Großen Pandas Yang Yang und Long Hui im Tiergarten Schönbrunn Bilder von Augenfleckenpaaren gezeigt. Wir wollten testen, wie gut die Bären sie voneinander unterscheiden können. Um sie zur Mitarbeit zu motivieren, belohnte ich sie mit kleinen Stücken Karotte oder Süßkartoffel. Auf dem Bild oben siehst Du so einen Versuch.

Xabi: Jetzt bin ich aber neugierig! Haben die Bären wirklich gesehen, dass die Augenflecke auf den Bildern etwas unterschiedlich aussahen?

Eveline: Und ob! Beide Pandas haben die Unterschiede wahrgenommen und die Tests bestanden.

Xabi: Und was bedeutet das nun? Welchen Zweck haben diese Fleckenzeichnungen dann?

Eveline: Mit den Tests konnten wir beweisen, dass Pandas auf kurze Entfernung gut sehen können. Sie sind zudem in der Lage, die Gesichtszeichnung zu nutzen, um ihre Artgenossen sozusagen „persönlich“ zu erkennen und voneinander zu unterscheiden. Selbst ein bis zwei Jahre später konnten sich die beiden Pandas noch an die Bilder erinnern. Dieses Erinnerungsvermögen ist natürlich wichtig, damit sie Artgenossen auch nach längerer Zeit noch wiedererkennen!

Ein Bergbewohner Chinas

Früher war der Große Panda im Südwesten Chinas weit verbreitet. Allerdings nahm dort die menschliche Bevölkerung immer mehr zu, und die Lebensräume der Bären, die Wälder, wurden zu einem großen Teil abgeholzt. Darum leben die Tiere heute nur noch in sechs voneinander getrennten Gebirgszügen dieser Region, nämlich vor allem in den Gebirgen Minshan, Qinling und Qionglai. Kleinere Panda-Bestände gibt es auch in den Bergen von Liangshan, Daxiangling und Xiaoxiangling. Sie alle liegen in den chinesischen Provinzen Sichuan, Gansu und Shaanxi.

Hier siehst Du, in welchen sechs Bergregionen Chinas heute noch Große Pandas leben

Der Panda bewohnt heute nur noch wenige Gebiete in China

Im Berglebensraum der Pandas kann es im Winter bitterkalt werden

Hier bewohnen die Bären große, alte Laubwälder und Nadelwälder. Früher kamen sie auch in tieferen Lagen vor, aber weil sich hier der Mensch breitgemacht hat, leben sie heute nur noch zwischen etwa 1 200 und 3 000 Metern, manchmal bis 4 100 Meter Höhe. Wichtig ist, dass dort im Unterwuchs reichlich Bambus gedeiht – den Grund dafür erfährst Du ab Seite 21.

„Schoko-Pandas“

Diejenigen Großen Pandas, die in den Qinling-Bergen leben, unterscheiden sich von allen übrigen Pandas in ihrem Erbgut. Ihr Schädel ist kleiner, ihre Backenzähne sind größer. Auch äußerlich ist ihnen anzusehen, dass sie „anders“ sind, denn während alle weiteren Pandas weiß und schwarz gefärbt sind, ist das Fell der Exemplare aus Qinling in Weiß und Braun gehalten.

Wahrscheinlich sind die Pandas aus Qinling schon seit rund 300 000 Jahren von den Artgenossen in den übrigen Regionen getrennt und haben sich in dieser Zeit etwas anders entwickelt. Manche Wissenschaftler sehen diese Pandas darum als eine sogenannte Unterart an, den Qinling-Panda.

Pandas sind Nationaltiere Chinas. Dort hat man ihnen beispielsweise Münzen gewidmet.

Die Umgebung des Menschen meiden Große Pandas. So findet man sie beispielsweise nicht in der Nähe von Straßen, Ortschaften, Wasserkraftwerken oder Flächen, in denen der Wald gerodet wird. Erst etwa ein bis zwei Kilometer von Siedlungen entfernt kann man auf die Bären treffen.

Das Klima im Lebensraum der Pandas ist rau. In den feuchten Bergen fällt viel Regen. Im Winter wird es sehr kalt, und selbst die Sommer bleiben recht kühl.

Bambus ist die absolute Lieblingsspeise des Pandas

Ein Raubtier, das (fast) nicht jagt

Wenn Du den Großen Panda einmal aufmerksam betrachtest, fällt Dir sicher auf, dass sein Kopf im Verhältnis zum Körper größer und massiger ausfällt als bei anderen Bären. Das liegt an seiner speziellen Ernährung: Zwar gehört er als Großbär zu den Raubtieren, aber er frisst fast ausschließlich Pflanzen, und zwar vor allem Bambus.

Ein echtes Raubtier – und doch ein fast reiner Pflanzenfresser

Um diese zähe Nahrung kauen zu können, wurden im Lauf der Entwicklung, der Evolution, besonders die Backenzähne größer und breiter. Teile des Schädels, die sogenannten Jochbeinbögen seitlich am Kopf sowie der Scheitelkamm, wurden großflächiger, weil hier die Kaumuskeln ansetzen – und die müssen bei einem Bambusfresser besonders kräftig sein.

Von den insgesamt über 1 400 verschiedenen Bambusarten stehen mehr als 60 auf der Speisekarte des Pandas, etwa die Hälfte davon sind seine Hauptnahrungspflanzen. Zu 99 Prozent fressen die Bären Bambus, nur zu etwa einem Prozent naschen sie auch einmal an anderen Pflanzen, beispielsweise Gräsern, Enzianen, Schwertlilien, Krokussen und Bocksdornen. Wurzeln und Samen ebenso wie Früchte lassen sich die Bären manchmal ebenfalls schmecken.

Daneben landen hin und wieder Insekten auf ihrem Speiseplan, beispielsweise Raupen. Ganz selten erbeuten sie sogar Nagetiere, Vögel oder kleine Huftiere, auch Aas verzehren sie hin und wieder, also tote Tiere.

Bambus ist eine ziemlich feste und faserige Nahrung. Damit sie die Pandas nicht innerlich verletzt, ist ihre Speiseröhre mit einer Schicht aus Horn ausgekleidet, also dem Material, aus dem auch Deine Finger- und Zehennägel sowie die Haare bestehen. Der Magen ist ebenfalls gut geschützt und besitzt eine besonders dicke Wand.

Allesfressender Vorfahre

Durch Funde von Fossilien, also versteinerten Knochen, wissen Forscher, dass die Vorfahren der heutigen Großen Pandas vor rund sieben Millionen Jahren noch Allesfresser waren. Erst vor rund zwei Millionen Jahren wurden die Tiere zu Pflanzenfressern.

Solche Insektenlarven, die im Bambus leben, lassen sich Pandas auch mal gerne schmecken

Ein Daumen, der keiner ist

Bei geöffneter Pfote fällt der Schein-Daumen, hier direkt vor dem Maul, kaum auf

Wenn Du zum Beispiel eine Laugenstange essen möchtest, wie machst Du das? Genau, Du umgreifst sie mit der Hand. Dabei ist es wichtig, dass der Daumen den anderen Fingern gegenübergestellt ist, sonst wäre Dein Griff weniger sicher, vielleicht würde die Stange sogar herunterfallen.

Bei Bären allerdings ist der Daumen parallel zu den anderen vier Zehen einer jeden Tatze nach vorne gerichtet. Darum können sie mit einer Tatze allein nichts ergreifen und festhalten. Die Ausnahme: der Panda! Er muss ja seine Lieblingsnahrung, die Bambuspflanzen, greifen können. Darum wurde im Lauf der Entwicklung seiner Art der Handwurzelknochen immer länger. Dies fand sowohl beim Großen als auch beim Kleinen Panda unabhängig voneinander statt, also obwohl sie nicht miteinander verwandt sind. Großer und Kleiner Panda besitzen somit zwar keinen richtigen Daumen, aber der verlängerte Handwurzelknochen ist sozusagen ein „Schein-Daumen“ – damit können sie den Bambus gut festhalten.

Hier siehst Du, wie der Panda seine Nahrung mit den Zehen der Vorderpfote und dem Schein-Daumen sicher festhalten kann

Dieser 18 Monate alte Panda lässt seinen Schein-Daumen sehen

Der Daumen ermöglicht es uns Menschen, etwas sicher zu greifen

„Vielfraße“

Obwohl sich Pandas auf pflanzliche Nahrung spezialisiert haben, ist ihr Verdauungstrakt, also Magen und Darm, noch immer der eines Raubtiers. Darum können sie Pflanzennahrung nicht gerade effektiv verdauen – das meiste davon scheiden sie wieder aus. Um überhaupt Bambus verdauen zu können, sind Pandas auf die Hilfe von Bakterien angewiesen, die in ihrem Verdauungssystem leben.

Weil sie aber trotz dieser Unterstützung nur einen kleinen Teil ihrer Nahrung für den Körper verwerten können, müssen sie große Mengen davon fressen, meist etwa mindestens zwölf Kilogramm am Tag, es können aber auch bis zu 40 Kilogramm sein – vergleiche das mal mit Deinem eigenen Gewicht! So viel zu futtern, dauert natürlich seine Zeit, und so sind Pandas über die Hälfte des Tages mit Fressen beschäftigt.

Wo viel reinkommt, muss auch wieder viel raus, und deshalb gehen die Bären vierzig bis hundert Mal täglich „für Große Pandas“. Fast 30 Kilo Kot können dabei anfallen! Wie viel wiegst Du noch mal?

Übrigens: Die unverdauten Bambusanteile aus dem Kot wurden und werden teils zu Bilderrahmen oder Lesezeichen verarbeitet und verkauft. Der Erlös kommt dem Schutz der Pandas zugute. Nein, keine Sorge, solche Andenken riechen nicht!

Panda-Kot enthält noch viel unverdaute Pflanzenreste

Pandas müssen jeden Tag Unmengen Bambus fressen – ob in der Natur oder im Zoo

Die Panda-Mutter schleckt ihr Junges ab. Vielleicht werden dabei auch nützliche Bakterien weitergegeben.

Bakterien von Mami

Während der ersten Tage und Wochen entwickelt sich die Darmflora der jungen Bärchen, also die Besiedelung des Darms mit nützlichen Bakterien. Deshalb ist es sehr wichtig, dass sie nun auch wirklich die „richtigen" Bakterienarten erhalten. Woher die Kleinen diese nützlichen Bakterien bekommen, die ihnen bei der Verdauung helfen, wissen wir noch nicht genau. Beispielsweise im Zoo von Atlanta in den USA wurde beobachtet, dass junge Pandas mit dem Kot ihrer Mutter spielten und darauf herumkauten. Das klingt zwar unappetitlich, wäre aber eine Möglichkeit, an die kostbaren Bakterien heranzukommen. Im Tiergarten Schönbrunn in Wien dagegen, wo Eveline für die Pandas zuständig ist, wurde so ein Verhalten bislang noch nie registriert – vielleicht kommt es also gar nicht immer vor.

Manche Forscher glauben eher, dass die Kolostralmilch ihrer Mutter dafür sorgt, dass junge Pandas die nützlichen Bakterien bekommen. Das ist eine spezielle Flüssigkeit aus den Milchdrüsen, mit der Säugetierjunge in ihrer allerersten Lebensphase gesäugt werden, also

Raus mit dem Gift!

In Bambus, der Hauptnahrung der Pandas, ist ein Gift enthalten, das Cyanid heißt. Jeden Tag nimmt ein erwachsener Panda mit dem Bambus so viel davon auf, wie es für einen Menschen fast tödlich wäre. Mit der Zeit würden Pandas sich darum unweigerlich vergiften, hätten sie nicht einen Weg gefunden, das Gift unschädlich zu machen: Sie können etwa 80 Prozent davon in eine weit weniger giftige Substanz umwandeln, das sogenannte Thiozyanat.

Bakterien im Dienst der Wissenschaft

Übrigens interessieren sich auch Wissenschaftler für die Bakterien, die Pandas beim Verdauen ihrer Nahrung helfen. Sie hoffen nämlich, dass sich mit ihrer Hilfe aus Bambus, anderen Pflanzen und Holzresten umweltfreundlich Bio-Treibstoff herstellen lässt. Nein, natürlich nicht so wie auf dem Bild – der Bambus muss von den Bakterien zuerst zersetzt werden. Daraus lässt sich dann der Treibstoff gewinnen.

noch bevor sie die spätere, eigentliche Milch erhalten. Bei Pandas erstreckt sich diese Phase, in der die Jungen Kolostralmilch trinken, über 30 Tage, also einen sehr langen Zeitraum.

Und schließlich könnte es auch sein, dass die Bakterien einfach beim normalen Kontakt von der Mutter auf das Baby übergehen. So schleckt das Muttertier ihr Junges regelmäßig ab, um es dazu anzuregen, Kot und Urin abzusetzen, oder ihm nach dem Milchtrinken das Maul zu reinigen.

In jedem Fall fördert das Abschlecken die enge Bindung zwischen Mutter und Jungtier

Energiesparer

Ihre Hauptnahrung, der Bambus, liefert den Pandas nur sehr wenig Energie. Darum müssen sie mit ihren Kräften stark haushalten. Um nicht unnötig Energie zu verbrauchen, haben diese Bären verschiedene Anpassungen entwickelt. Eine davon ist ihr dichtes Fell. Das nämlich schützt sie davor, auszukühlen – vergleichbar ist das mit den Doppelfenstern und der Isolierung moderner Häuser.

Zudem sind Pandas nicht gerade besonders aktiv, sondern sie laufen nur langsam und möglichst wenig. Eine Besonderheit ihrer Schilddrüsenhormone hat außerdem dazu geführt, dass ihr Energieverbrauch in Ruhe extrem niedrig ist, sodass sie dadurch viel Kraft sparen. Weniger als die Hälfte der Energie wie andere gleich große Säugetiere verbrauchen sie dabei.

Auf der anderen Seite fressen sie gezielt diejenigen Teile der Bambuspflanzen, die am meisten Nährstoffe enthalten, nämlich an liebsten die Schösslinge, also die ganz jungen Triebe. Wenn es aufgrund der fortgeschrittenen Jahreszeit solche Schösslinge nicht mehr gibt, verzehren sie zuerst mehr kalziumreiche Blätter. Später dann, wenn nicht mehr so viele Blätter zur Verfügung stehen und diese auch nicht mehr so nahrhaft sind, lassen sie sich auch zunehmend Bambusstängel schmecken. Allerdings verzehren sie nie ausschließlich diese oder jene Teile des Bambus, sondern immer auch

Bambus-Schösslinge sind besonders energiereich!

Wunderpflanze Bambus

Bambus zählt zu den Süßgräsern. Dazu gehören neben den „gewöhnlichen“ Gräsern auf Wiesen, in Parks und Gärten auch die Getreidearten wie Reis, Weizen oder Hafer. Manche Bambusarten werden aber im Gegensatz zu normalen Gräsern sehr groß, bis zu 40 Meter, und sie wachsen extrem schnell: Fast einen Meter pro Tag können sie zulegen!

ein bisschen von allem. Das scheint für ihre Verdauung wichtig zu sein. Sie fressen einfach nur je nach Jahreszeit bestimmte Bambusteile lieber, wenn sie ihnen zur Verfügung stehen.

Gezielt suchen sie nach solchen Bambusarten, die möglichst viel Eiweiß und möglichst wenig Fasern enthalten. Fasern sind nämlich Ballaststoffe, durchlaufen den Magen-Darm-Trakt der Pandas also unverdaut, ohne ihnen Energie zu liefern. Ballaststoffe sind zwar wichtig für die Verdauung, aber im Bambus ist davon ohnehin jede Menge enthalten.

Bambus-Blätter enthalten viel wertvolles Kalzium

Normalerweise bewegen sich Pandas nur sehr gemächlich

Wenn es nötig ist, kann ein Panda auch ganz schön schnell rennen. Das macht er aber wirklich nur, wenn es unbedingt sein muss.

Darum wandern Pandas in solche Höhenlagen und Gebiete, in denen je nach Jahreszeit gerade der hochwertigste Bambus lockt. Besonders im Winter halten sich die Pandas am liebsten an sanften Hängen auf, an denen noch viele alte Schösslinge aus dem Herbst stehen. Erst wenn es immer weniger solcher Schösslinge gibt, ziehen die Bären weiter.

Dass die Hänge am besten nur sanft geneigt sein sollen, hängt auch wieder mit dem Energiesparen zusammen, denn in solchem Gelände kommen die Bären gut vorwärts und gelangen leicht an die Schösslinge heran, ohne dabei viel Kraft aufwenden zu müssen. Außerdem können sie sich hier problemlos setzen und den Bambus zwischen den Vorderpfoten halten.

Aus demselben Grund suchen Pandas lieber am Waldrand nach Nahrung als tiefer im Wald selbst, denn am Rand der Wälder fällt ihnen die Fortbewegung viel einfacher. Dringen sie doch einmal weiter in den Wald vor, so entstehen dadurch sogenannte Wechsel zwischen den Futterplätzen und den Schlafstellen, also tunnelartige Wege im Unterwuchs. Diese Wechsel benutzen die Bären regelmäßig.

Wenn Pandas nicht fressen, dann schlafen sie. Genauer gesagt verbringen sie etwas mehr Zeit mit Fressen als mit Schlafen.

Mit ihrer Lebensweise als Energiesparer hängt übrigens auch die Pummeligkeit der Pandas zusammen, denn dadurch besitzen sie im Verhältnis zu ihrem Körpervolumen nur eine geringe Körperoberfläche. Über die Körperfläche geht immer Energie in Form von Wärme verloren – ist die Körperoberfläche nur gering im Vergleich zum Körpervolumen, so entweicht auch entsprechend wenig Wärmeenergie. Darin gleicht der Große Panda dem Gorilla, einem weiteren mächtigen Pflanzenfresser, der Energie sparen muss.

Bequem futtern

Zum Fressen setzen sich Pandas am liebsten gemütlich hin. In einer Vorderpfote hält der Bär dabei den Bambus fest, um davon Stücke abzubeißen, sie zu schälen, kurz zu kauen und dann zu verschlucken.

Pandas sind echte Energiesparer

Einfach mal faulenzen: Auf diese Weise sparen Pandas lebenswichtige Energie!

Gefahr: Bambusblüte!

Wie Du nun schon weißt, hängen Große Pandas auf Gedeih und Verderb davon ab, dass sie genügend Bambus finden. Alle 15 bis 130 Jahre jedoch blühen die Bambusbestände jeweils einer bestimmten Art alle gleichzeitig, und zwar auf der ganzen Welt – wie sie das schaffen, ist immer noch ein Rätsel. Allerdings sterben die Pflanzen dieser Bambusart nach der Blüte meist allesamt ab!

Früher war das kein großes Problem für die Pandas: Sie wanderten dann einfach höher oder tiefer, denn dort wuchsen andere Bambusarten, die nicht gerade geblüht hatten. Durch das Vordringen des Menschen und die Zerstörung weiter Teile der Lebensräume der Pandas können sie heute jedoch nicht mehr so einfach ausweichen. Darum kommt es nach

Bambus ist die Hauptnahrung der Pandas. Geht er nach der Blüte zugrunde, müssen sich die Bären andere Arten suchen – oder hungern.

Wenn der Bambus wie hier blüht, stirbt er kurze Zeit später ab. Ohne Bambus aber können Pandas nicht überleben.

solchen Massenblüten nun manchmal zu Hungersnöten für die Bären. Das ist besonders dann der Fall, wenn mehrere Bambusarten in ihrem Lebensraum gerade gleichzeitig geblüht haben. Als Notlösung bleibt ihnen in solchen Fällen oft nur, weniger wählerisch zu sein: Die Tiere fressen dann beispielsweise auch häufiger als sonst größere Stücke älterer Bambusstängel.

Junge Pandas ruhen und schlafen gerne auf Bäumen, weil sie dort sicherer sind. Hier siehst Du gleich drei Jungtiere einer Aufzuchtstation in China.

Tag und Nacht

Früher glaubten Forscher meist, Große Pandas seien dämmerungsaktiv. Jetzt fanden sie aber heraus, dass diese Bären am Tag ebenso wie in der Nacht aktiv sein können. Offenbar haben sie drei Hauptaktivitätszeiten, nämlich eine am Morgen, eine am Nachmittag und eine gegen Mitternacht. Die übrige Zeit verschlafen sie gerne in Felsspalten, Höhlen, hohlen Baumstämmen oder auch auf Bäumen.

Über das Jahr betrachtet werden sie vom Frühjahr bis in den Frühsommer hinein zunehmend aktiver. Gegen August und September nimmt ihre Aktivität dann ab, von November bis März wieder zu.

Wenn die Sonne scheint, sind die Bären am liebsten unterwegs, besonders im Winter, wenn die Lufttemperatur niedrig ist. Dann lassen sie sich von den Sonnenstrahlen wohlig aufwärmen.

Und im Winter?

Wie Du sicher weißt, halten manche Bärenarten Winterruhe. Im Lebensraum der Pandas kann es auch ganz schön kalt werden. Ihre Nahrung, der Bambus, ist allerdings auch dann vorhanden. Aus diesem Grund und weil Pandas keinen Fettvorrat anlegen können, legen sie keine Winterruhe ein. Höchstens ziehen sie sich eine Weile in Höhlen oder hohle Bäume zurück, wenn ihnen Schnee und Frost gar zu arg zusetzen.
Leben in tieferen Gebieten keine Menschen, wandern die Pandas dann auch gerne dorthin, denn in solchen Lagen ist es etwas wärmer.

Im Gegensatz zu manchen anderen Bärenarten halten Pandas keine Winterruhe

Einzelgänger mit cleverer Verständigung

In aller Regel sind Pandas alleine unterwegs

Pandas sind eigentlich Einzelgänger. Allerdings befinden sich Weibchen fast immer in Gesellschaft ihres Jungtiers, und junge Pandas kurz vor dem Erwachsenenalter bilden ab und zu sogenannte Junggesellengruppen. Manchmal schließen sich solche „Halbstarken" auch einem erwachsenen Männchen an.

Das Streifgebiet eines erwachsenen Männchens überlappt sich zwar mit denen von Weibchen, aber nur selten begegnen sich zwei der Bären außerhalb der Paarungszeit. Weibchen dulden zudem keine anderen Weibchen in ihrem Gebiet.

Damit sich Pandas trotzdem untereinander verständigen können, kratzen sie mit ihren Krallen an Bäumen. Vor allem aber hinterlassen sie Botschaften in Form von Duftstoffen an Stellen, die verschiedene Artgenossen regelmäßig nutzen, beispielsweise an bestimmten Stämmen oder Felsen.

Das ist mein Gebiet!

Wie Du schon gelesen hast, markieren Pandas mit Duftstoffen ein Gebiet, das sie für sich beanspruchen. Ein solches Gebiet nennt man auch Revier. Es ist meist zwischen 5 und 15 Quadratkilometern groß. Das entspricht der Fläche von 700 bis 2 100 Fußballfeldern. Die meiste Zeit hält sich der Bär darin allerdings nur in einem Gebiet auf, das ungefähr so groß ist wie 50 Fußballfelder.

Im Handstand markiert dieser Panda mit Urin sein Revier

Artgenossen können aus den Duftbotschaften Informationen erriechen

Dass ihnen das sehr wichtig ist, siehst Du schon daran, dass die sonst ja nicht gerade sehr aktiven Bären allerhand anstellen, um ihre Duftstoffe am gewünschten Ort anbringen zu können: Sie gehen in die Hocke, heben das Bein wie ein Hund oder machen sogar einen Handstand, um dann die Duftdrüsen ihres Hinterteils an der betreffenden Stelle zu reiben oder dort Urin zu hinterlassen.

Je höher eine Duftbotschaft angebracht wird, umso wichtiger scheinen Artgenossen sie zu nehmen, denn umso länger schnuppern sie daran. Außerdem meiden besonders junge Männchen Gebiete, in denen erwachsene Männchen im Handstand uriniert haben – wahrscheinlich, um Kämpfe mit den stärkeren großen Geschlechtsgenossen zu umgehen. Anhand der Höhe der abgesetzten Duftstoffe können die Pandas wohl auf die Größe des jeweiligen Tiers schließen.

Die Duftstoffe, die Pandas abgeben, sind sehr komplex. Forscher haben darin 951 verschiedene chemische Substanzen gefunden, die beispielsweise aus Duftdrüsen oder auch dem Urin der Tiere stammten.

Da Männchen von manchen Duftbestandteilen mehr hinterlassen als von anderen, wissen die Artgenossen stets, ob sie von einem Männchen oder einem Weibchen stammen.

Daneben dienen auch Laute der Verständigung der Bären untereinander. Anhand der Lautäußerungen erkennen die Pandas wahrscheinlich schon aus einer Entfernung von zehn bis zwanzig Metern, ob sie von einem Männchen oder Weibchen stammen, ob das betreffende Tier alt oder jung ist, ob es sich um einen kleinen oder einen großen Artgenossen handelt.

Der Informationsgehalt unterscheidet sich je nachdem, ob ein Männchen oder ein Weibchen gerufen hat:

Lass mich in Ruhe!

Pandas meiden die Nähe des Menschen. Kommt es doch einmal zu einer Begegnung, ziehen sich die scheuen Tiere meist rasch zurück. Werden sie allerdings in die Enge getrieben und stark gereizt, können sie auch schon mal zur Verteidigung übergehen, und das ist dann bei einem so starken Tier mit Raubtiergebiss und großen, scharfen Krallen nicht ungefährlich.

Mutter und Jungtier durchstreifen gemeinsam ihr Gebiet und meiden dabei Kontakt zu Artgenossen

Aus den Lautäußerungen von Männchen können Pandas wohl die Körpergröße abschätzen, aus denen von Weibchen eher das Alter. Weil sich außerdem die Rufe miteinander eng verwandter Pandas ähneln, vermögen Artgenossen möglicherweise sogar herauszuhören, ob es sich um nahe Verwandte handelt oder um Pandas, die nicht mit ihnen verwandt sind.

Auch durch Kratzen an Bäumen lassen Pandas einander Botschaften zukommen

Weibchen sind nur zwei bis drei Tage im Jahr fruchtbar. Nur dann also kann in ihnen ein Junges entstehen. Rund um diese kurze Phase geben sie andere Lautäußerungen von sich als sonst. Männchen werden dadurch in die Nähe eines Weibchens gelockt und sind dann bereit, sich mit ihm zum besten Zeitpunkt zu paaren, damit es auch wirklich Nachwuchs geben kann. Wie die Laute von Pandas klingen, ist schwierig zu beschreiben. Sie ähneln je nach Stimmung und beabsichtigter Botschaft am ehesten dem Meckern einer Ziege, einem bellenden Laut oder aber einem Jaulen oder Fiepen.

Dass die Bären außerdem dazu in der Lage sind, die Augenflecke anderer Artgenossen zu unterscheiden, hast Du oben bereits gelesen. Sie sehen aber nicht nur schwarzweiß, sondern können auch Farben unterscheiden.

Panda-Mütter umsorgen ihr Junges intensiv

Wo die kleinen Großen Pandas herkommen

Treffen zwei Männchen aufeinander, kann es zum Kampf kommen

Im Frühjahr zwischen März und Mai ist Paarungszeit. Dann suchen die Männchen die Weibchen auf, indem sie deren Duftstoffen folgen. Wenn zwei oder mehrere Männchen in dieser Zeit aufeinandertreffen, kann es ganz schön knallen, und die Tiere gehen aggressiv aufeinander los.

Aber sobald Klarheit herrscht, wer hier der Chef im Ring ist, besinnen sich die Bären darauf, dass sie ja Energie sparen müssen. Also ist der Kampf schnell zu Ende, und der Sieger zeigt nur noch durch körperliche Signale, dass er der Stärkere ist. Dadurch vermeiden die Bären auch, dass es zu schweren Verletzungen kommt.

Nach der Paarung verlässt das Männchen das Weibchen wieder. Das Muttertier ist also später bei der Aufzucht des Jungtiers auf sich alleine gestellt. Nach etwa drei bis fünf Monaten Tragzeit bringt es dann ein oder zwei Junge zur Welt, ganz selten auch drei. Sind es zwei oder drei, überlebt jedoch in der Natur fast immer nur eines, meist das zuerst geborene – die anderen Jungen schaffen es meist nicht, da sie entweder zu schwach sind oder die Mutter mit der Aufzucht überfordert ist. Beispielsweise kann es passieren, dass es einem Weibchen nicht gelingt, ein zu Boden gefallenes, winziges Junges wieder aufzunehmen.

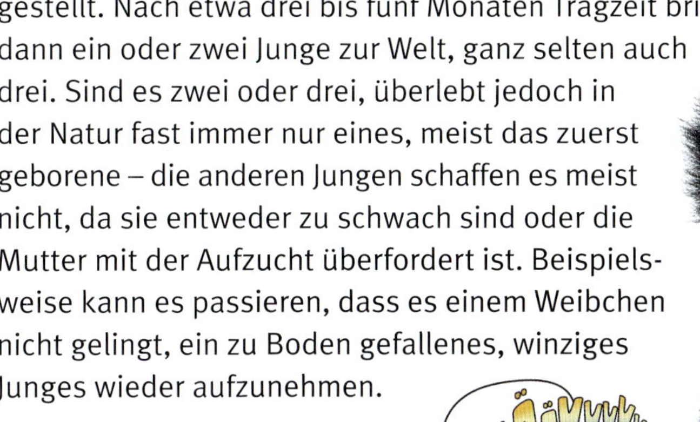

Quäk!

Auch junge Pandas machen sich schon durch Laute verständlich. Forscher konnten bei ihnen drei unterschiedliche Rufe ausmachen: ein raues Quäken, ein hohes Schreien und ein rhythmisches Quaken. Diese Laute lassen erwachsene Pandas nicht mehr hören.

Wer könnte so einem Blick schon widerstehen?

Hier hat ein Weibchen in einer Schutzstation in China ein Junges zur Welt gebracht. Es hat nur einen zarten Haarflaum.

Bald bekommt das Junge die typische Fellfärbung

Nach etwa einem Monat öffnen sich Augen und Ohren

Das erscheint uns Menschen sehr traurig, aber in der Natur herrschen andere Regeln und Gesetze. Kommt eines der Jungen tot auf die Welt oder stirbt kurz nach der Geburt, bildet sein Geschwisterchen sozusagen eine Reserve. So stellt der Panda als Art sicher, dass die Paarungs- und Tragzeit sowie die Aufzucht des Nachwuchses, die viel Energie verschlingen, nicht umsonst waren.

Das Weibchen gebiert nicht jedes Jahr, sondern nur alle zwei bis drei Jahre, genau wie andere Bären auch. Damit Muttertier und Junges gut geschützt sind, zieht sich das Weibchen für die Geburt und die Aufzucht in Höhlen beispielsweise in Felsen oder alten Bäumen zurück, die nur einen sehr engen Ein- und Ausgang besitzen. Hier erblickt das wahrhaft winzige Jungtier das Licht der Welt, dessen Schwanz noch fast ein Drittel der Körperlänge ausmacht.

Bei der Geburt ist das Bärchen rosafarben und nur von einem ganz leichten, zarten, weißen Haarflaum bedeckt. Erst etwa sieben bis zehn Tage später beginnt sich die Musterung auszuprägen, zuerst in Grau, später in Schwarz. Manchmal wird das Fell dann etwas pinkfarben, weil es mit dem Speichel des Muttertiers reagiert. Seine Mutter leckt das Junge nämlich regelmäßig sauber. Nach etwa einem Monat ist die typische schwarzweiße Panda-Färbung dann vollständig ausgeprägt.

Im Alter von sechs Monaten ist das Junge schon ein richtiger kleiner Panda

Die anfangs noch geschlossenen Augen und Ohren öffnen sich nach einem bis anderthalb Monaten. Milchzähne wachsen den Kleinen nach rund drei Monaten, ihr bleibendes Gebiss bricht im Alter von etwa einem Jahr durch. In den ersten zwei bis drei Wochen nach der Geburt trinken die Jungen alle zwei Stunden für jeweils 15 Minuten bei der Mutter. Später erhalten sie dann nur noch sechs bis acht Mal am Tag die nahrhafte, leckere Milch, für jeweils etwa 30 Minuten.

Die ersten Tage nach der Geburt verlässt die Mutter die Höhle überhaupt nicht. Erst nach etwa einer Woche macht sie sich erstmals auf, um etwas zu trinken. Nach etwa drei Wochen beginnt sie auch wieder Bambus zu fressen. Aus diesem Grund wählt sie meist einen Unterschlupf, der sich in der Nähe eines Gewässers befindet. Dabei ist sie jeweils nur sehr kurz fort, für etwa zehn bis fünfzehn Minuten. Ist das Junge dann bereits größer, verlässt die Bärin den Unterschlupf jeden Tag für rund drei bis vier Stunden, um zu fressen und Wasser aufzunehmen. Während die Mutter unterwegs ist, bleibt das Junge völlig schutzlos zurück.

Winzig!

Bei der Geburt ist das Junge im Vergleich zum Muttertier wahrhaft winzig. Es ist nur etwa so groß wie ein Hamster und wiegt gerade mal 80 bis 200 Gramm. Zum Vergleich: Eine normale Tafel Schokolade wiegt 100 Gramm. Damit bringt das Junge nur etwa ein Tausendstel der Masse seiner Mutter auf die Waage!

Die Jungen anderer Bärenarten sind im Vergleich zu ihrer Mutter bereits größer, wenn sie auf die Welt kommen. Überhaupt ist das Junge des Pandas im Verhältnis zum Muttertier leichter als bei allen anderen Säugetierarten – mit Ausnahme der Beuteltiere wie Känguru, Koala & Co.

Nach etwa zweieinhalb Monaten beginnt das Kleine, umherzukrabbeln. Seine Mutter spielt mit ihm, sie stupst es beispielsweise sanft an, sodass es um die eigene Achse rollt. Größere Junge ab einem Alter von etwa einem halben Jahr warten jetzt auch schon einmal geduldig in einer Baumkrone darauf, dass die Mutter endlich vom Fressen zurückkehrt, denn hier sind sie verhältnismäßig sicher.

Erst mit fünf bis sechs Monaten nimmt das Junge zum ersten Mal feste Nahrung zu sich – natürlich etwas Bambus, wie es sich für einen richtigen Panda gehört. Anfangs spielt das Kleine allerdings eher damit und kaut ein bisschen darauf herum. Erst nach und nach geht es dazu über, vom Bambus auch tatsächlich zu fressen. Dennoch ist das erste Jahr über die Muttermilch seine wichtigste Nahrung.

Das Junge bleibt eineinhalb bis drei Jahre in der Obhut seiner Mutter. Ab einem Alter von etwa fünf bis sieben Jahren kann ein junges Weibchen selbst Nachwuchs bekommen.

Dieses Jungtier ist sechs Monate alt und beginnt bereits sich für Bambus zu interessieren

Nur selten überleben beide Jungen so wie hier in einer Schutzstation

Clever!

Panda-Mütter fressen in den ersten Monaten den Kot der Jungtiere. Das klingt für Dich sicher eklig, aber es hat gute Gründe: Zunächst bleibt dadurch die Höhle hygienisch sauber. Und später tun sie das wahrscheinlich, damit durch den Geruch der Ausscheidungen keine Fressfeinde wie Leoparden angelockt werden. Erst wenn das Junge zunehmend Bambus verzehrt, nimmt das Muttertier den Kot nicht mehr zu sich.

Selbst so dünne Ästchen können das Panda-Bärchen tragen!

Vom Aussterben bedroht

Leider ist der Große Panda vom Aussterben bedroht. Der Hauptgrund dafür ist, dass seine Lebensräume vom Menschen immer weiter umgewandelt und damit für die Bären unbrauchbar gemacht wurden. Straßen wurden gebaut, Staudämme errichtet, um Wasserenergie zu gewinnen. Der Mensch gründete Siedlungen und trieb Minen in die Berge, um wertvolle Bodenschätze abzubauen. In großem Umfang rodete er zudem Wälder, die den Pandas einst als wichtige Lebensräume dienten.

Durch all diese Eingriffe des Menschen in die Natur wurde nicht nur die Art an sich zurückgedrängt, sondern einzelne Bestände des Pandas haben somit auch den Kontakt zueinander verloren. Deshalb können sich die Pandas eines bestimmten Gebiets immer nur miteinander verpaaren, nicht mehr mit den Artgenossen benachbarter Regionen. So etwas führt jedoch langfristig dazu, dass das Erbgut der Tiere immer einheitlicher wird. Oft werden Arten dadurch letztlich anfälliger gegenüber Krankheiten. Das ist besonders dort der Fall, wo nur sehr wenige Bären leben: Von den insgesamt etwa 33 Panda-Beständen umfassen 18 weniger als zehn Exemplare! Und wenn in so kleinen Beständen durch Krankheiten oder andere Umstände einige Tiere sterben, kann dies rasch dazu führen, dass die gesamte Panda-Bevölkerung dort verschwindet.

Bambus ist besonders in Asien für verschiedenste Zwecke sehr begehrt, wie für Möbel oder Gerüste an Baustellen. Deshalb werden leider viele Bambuswälder abgeholzt, die Stangen zum Beispiel zu Flößen zusammengebunden und verkauft.

Im Gefolge des Menschen sind auch Haustiere in die einst entlegenen Bergregionen gelangt, in denen die Pandas leben. Wohl durch Füchse, aber auch Hunde und Katzen wurden parasitische Würmer auf die Bären übertragen. Da diese in ihren kleinen verblieben Lebensräumen immer enger zusammenrücken müssen, konnten sich die Parasiten rasch ausbreiten. Die Würmer führen dazu, dass es in inneren Organen der Pandas zu schweren Blutungen kommt, an denen sie sterben können – inzwischen gilt der Befall mit diesen gefährlichen Parasiten als die Todesursache Nummer eins bei Pandas in der Natur.

Zudem weidet Vieh in Schutzgebieten und an deren Rändern, was die Bären beunruhigt und vertreibt. Außerdem könnten durch Kühe, Schafe und Ziegen weitere Parasiten übertragen werden.

Füchse können gefährliche Parasiten und Viren übertragen

Dasselbe gilt für Hunde ...

... und Katzen

Immer mehr Bambuswälder werden gerodet, um Nutzfläche für die Landwirtschaft zu gewinnen

Wie Du schon erfahren hast, vermögen die Pandas heute auch nicht mehr wie früher in tiefere Regionen auszuweichen, wenn in ihren hoch gelegenen Lebensräumen nach einer Bambusblüte die Nahrungsgrundlage erloschen ist.

Das Gleiche gilt für die jahreszeitlichen Wanderungen in höhere oder tiefere Regionen, die Pandas früher unternahmen, um rauem Klima auszuweichen oder je nach Jahreszeit den gerade nahrhaftesten Bambus zu suchen. Wenn heute dagegen mehrere Bambusarten gleichzeitig blühen und danach die Bestände dieser Pflanzen absterben, sind die Pandas akut von Hunger bedroht. So starben in den 1970er-Jahren 138 Pandas nach einem solchen Ereignis den Hungertod.

Reis wird immer höher in den Bergen angebaut, und der Mensch dringt zunehmend tiefer in die Lebensräume der Pandas ein

Eine weitere große Gefahr stellt wahrscheinlich der Klimawandel dar. Wenn nämlich in den Lebensräumen der Pandas die Temperaturen immer höher steigen, werden voraussichtlich die Bambusdickichte stark zurückgehen, da sie kühle Bedingungen benötigen. Außerdem würden höhere Temperaturen dazu führen, dass der Mensch in Höhenlagen, die derzeit für ihn noch uninteressant sind, künftig Nutzpflanzen anbauen könnte. Somit bestünde für die Bauern der Region ein großer Anreiz, noch weiter in die Lebensräume ihrer tierischen Nachbarn vorzudringen.

Während Jäger Pandas früher noch nachgestellt und sie erlegt haben, besteht diese Gefahr heute fast nicht mehr, da die Tiere unter strengen Schutz gestellt wurden. Wilderern drohen hohe Strafen. Allerdings verenden einzelne Pandas noch immer qualvoll in Fallen, die anderen Tieren gestellt wurden, beispielsweise Hirschen.

Vorsicht, Feind!

Junge Pandas müssen sich in der Natur vor verschiedenen Fressfeinden in Acht nehmen. Kragenbären, Schneeleoparden (hier im Bild), Leoparden, Buntmarder, Adler, Schakale und verwilderte Hunde stellen ihnen nach. Erwachsene Pandas dagegen sind so groß, stark und wehrhaft, dass sich kaum noch ein Feind an sie herantraut.

Bambus hat in Asien eine jahrtausendelange Tradition als Vielzweck-Material. Hier siehst Du ein riesiges Baugerüst aus Bambus.

Rettet den Panda!

Zum Glück wurden Maßnahmen ergriffen, um den Großen Panda vor dem Aussterben zu retten. Seit 1974 wird regelmäßig gezählt, wie viele der hübschen Bären noch am Leben sind. Für die letzte Zählung waren über 2 000 Menschen unterwegs!

Dabei geht es nicht alleine darum, die Tiere tatsächlich zu Gesicht zu bekommen, sondern auch Spuren ihrer Lebensweise helfen dabei zu bestimmen, wie viele der Bären in einem bestimmten Gebiet leben. Beispielsweise hat jeder Panda seine Eigenart, was die Größe der Happen angeht, die er vom Bambus abbeißt. Dementsprechend unterscheidet sich die Größe der Fasern im Kot der Tiere. Auf diese Weise können Forscher herausfinden, wie viele Pandas in der untersuchten Region Kot hinterlassen haben. Dadurch lässt sich auf die Gesamtzahl der Exemplare schließen.

Es stellte sich heraus, dass in den 1970er-Jahren geschätzt noch knapp 2 500 Pandas existierten. Zehn Jahre später war ihre Zahl drastisch auf nur noch die Hälfte davon gesunken!

Pandas brauchen intakte Lebensräume

Der Jiuzhaigou-Nationalpark in China ist einer der Lebensräume des Großen Pandas in der Natur

Daraufhin stellte die Regierung Chinas die Wilderei unter Strafe und richtete Schutzgebiete für die Pandas ein. Anfang der 2000er-Jahre war die Zahl der Pandas wieder leicht gestiegen, auf etwa 1 600 Tiere. Heute sind es insgesamt wieder etwa 1 900 Pandas, die sich in Chinas Bergen tummeln. Die Schutzmaßnahmen scheinen sich also positiv auszuwirken, sodass der Bestand der bambusfressenden Bären sogar offenbar allmählich Gebiete besiedelt, in denen sie seit Jahrhunderten ausgerottet waren.

Während also die Gesamtzahl der Pandas anscheinend wieder zunimmt, gehen einige kleine Bestände zurück, vor allem deshalb, weil ihre Lebensräume zu klein geworden sind und vom Menschen zu stark verändert wurden. Sie liegen wie Inseln inmitten von Landschaften, die für Pandas absolut ungeeignet sind. Solche kleinen Bestände der Bären sind daher stark davon bedroht, auszusterben. Um derart winzige Lebensräume wieder miteinander zu verbinden, werden Wildtiertunnel gebaut und Bambuskorridore gepflanzt, also Bambusdickichte, die einzelne Lebensräume wie eine Brücke zusammenführen.

Insgesamt gesehen gilt die Art noch als gefährdet – es besteht also ein hohes Risiko, dass sie in der Natur aussterben könnte.

Die Zuchtzentren in China vermehren Pandas mittlerweile in großer Zahl

Eine Arche für den Panda

Damit auf chinesischen Zuchtstationen möglichst vieler Jungtiere überleben, füttern Pfleger Flaschenmilch zu. Maske und Umhang sollen verhindern, dass die Pfleger Krankheiten auf die Pandas übertragen.

Eine sehr wichtige Rolle bei der Erhaltung des Großen Pandas spielen Zoos und Zuchtzentren. Vor allem in China, aber auch in Zoos anderer Teile der Welt werden Pandas gehalten und mit zunehmendem Erfolg vermehrt. Die Tiere dort bilden zum einen eine Art Reserve, sollten die in der Natur lebenden Artgenossen beispielsweise einer Seuche zum Opfer fallen, also einer sehr ansteckenden Krankheit. Zum anderen werden nachgezogene Jungtiere in geeigneten Lebensräumen in China ausgesetzt, um dort die Bestände zu stärken.

China hat seit Langem erkannt, wie beliebt diese Bärenart weltweit ist, welch riesige Sympathien sie genießt. Schon in den 1970er-Jahren schenkte China daher den USA und Japan Pandas als Zeichen der Annäherung – damals standen die Vereinigten Staaten von Amerika sowie Japan der chinesischen Regierung als Feinde im sogenannten Kalten Krieg gegenüber. Solche Schenkungen wurden seinerzeit als „Panda-Diplomatie“ bezeichnet, also als Verhandlung oder Verständigung der Regierungen untereinander mithilfe von Pandas. Ist das nicht lustig?

Seit 1984 verschenkt China jedoch keine Pandas mehr, sondern verleiht sie beispielsweise für zehn oder fünfzehn Jahre an ausländische Zoos. Das kostet die Zoos bis zu einer Million US-Dollar im Jahr, also aktuell rund 934 000 Euro! Dazu kommen die enormen Kosten für das Futter – Pandas sind für Zoos die mit weitem Abstand teuersten Tiere, was ihre Ernährung betrifft. Für sie müssen nämlich eigens riesige Flächen mit Bambus angelegt und bewirtschaftet werden, der dann regelmäßig in großen Mengen und ausreichend gekühlt angeliefert wird.

Junge, die es bei der Mutter nicht schaffen würden, werden in Brutkästen aufgezogen

In den Zuchtstationen Chinas werden junge Pandas mit einem Alter zwischen sechs Monaten und zwei Jahren in Gruppen gehalten

Zoos mit Pandas

Aktuell (2019) kannst Du Große Pandas in folgenden Zoos Europas live und in Schwarzweiß sehen:

- **Zoo Berlin, Deutschland**
- **Tiergarten Schönbrunn, Wien, Österreich**
- **Zoo Aquarium de Madrid, Madrid, Spanien**
- **ZooParc de Beauval, Saint-Aignan, Loir-et-Cher, Frankreich**
- **Zoo Kopenhagen, Dänemark**
- **Pairi Daiza, Cambron-Casteau, Belgien**
- **Ouwehands Dierenpark, Rhenen, Niederlande**
- **Ähtäri Zoo, Ähtäri, Finnland**
- **Zoo Moskau, Russland**

Hier kümmern sich Tierpfleger um eine Gruppe halbwüchsiger Pandas aus Nachzucht

Diese jungen Pandas einer chinesischen Zuchtstation sind schon ordentlich herangewachsen!

Hangeln im Duett ...

Baby-Boom!

In menschlicher Obhut leben heute die meisten Pandas in Forschungs- und Zuchtstationen in China, in oder nahe Chengdu in der Provinz Sichuan. Insgesamt werden in China über 610 Exemplare gehalten, und mehrere hundert Junge wurden dort bereits geboren. Zusammengerechnet leben weltweit rund 675 Pandas in Zoos und Zuchtstationen.

Werden in einem Zoo außerhalb Chinas Jungtiere geboren, so bleiben diese laut Vertrag im Besitz Chinas – der Zoo kann also nicht frei bestimmen, was mit dem Pandajungen geschieht, ob es beispielsweise an einen anderen Zoo abgegeben wird.

Damit China das viele eingenommene Geld nicht für andere Dinge ausgibt, ist vertraglich geregelt, dass fast der gesamte Betrag dazu benutzt werden muss, den Großen Panda und seine Lebensräume in China zu schützen und die Art in speziellen Nachzuchtstationen zu vermehren. Darüber hinaus spenden beteiligte Zoos ihrerseits viele Millionen Euro, um damit die Schutzbemühungen noch weiter

Hier können Besucher einer Zuchtstation miterleben, wie handaufgezogene Jungtiere versorgt werden

zu unterstützen, und sie helfen bei der Erforschung und der Erhaltung der Bären in der Natur mit.

Außerhalb Chinas und Taiwans leben Pandas in 21 Zoos in 18 Ländern rund um die Welt. Dort werden die Tiere nicht nur vermehrt, sondern auch intensiv erforscht. Vieles, was wir über die putzigen Bären wissen, verdanken wir daher Wissenschaftlern in Zoos und Nachzuchtstationen. Und natürlich werden die Zoobesucher auch über die Lebensweise, die Bedrohung und den Schutz der Pandas informiert – denn nur was wir kennen, möchten wir auch schützen!

Ein Pfleger ist mit einem bereits ganz schön großen Jungtier auf die Waage gestiegen. So lässt sich feststellen, ob es normal zugenommen hat.

Luxus pur: Wie Pandas im Wiener Tiergarten Schönbrunn leben

Das Leben in einem Zoo ist sehr bequem. Die Pandas im Tiergarten Schönbrunn in Wien bekommen fünf Mal am Tag frischen Bambus. Sie haben ein tolles Gehege: Es bietet ihnen Klettermöglichkeiten, sonnige wie schattige Plätze, Teiche zur Abkühlung und Höhlen, in denen Jungtiere zur Welt kommen können. Regelmäßige, kleine Untersuchungen stellen sicher, dass alle gesund sind. Sollte es einem Panda einmal nicht gut gehen, wird er vom Tierarzt versorgt.

Ein Blick in die Außenanlage der Pandas im Tiergarten Schönbrunn

Vielleicht fragst Du Dich jetzt, wie man einen Panda untersucht. Es kann ja sogar für einen Menschen ein bisschen unangenehm sein, wenn er für das Messen der Körpertemperatur oder eine Blutabnahme ruhig halten muss. Das trifft sicher auch auf Pandas zu. Doch man kann die Untersuchungen in ganz kleinen Schritten mit den Bären üben. Für alles, was der Panda dabei gut macht, bekommt er ein Leckerli. So spielt er gerne mit. Nun weißt Du schon, dass sich Bambusbären vor allem von Bambus ernähren. Doch als Belohnung zwischendurch schätzen sie ein Stück Karotte oder Süßkartoffel sehr. Diese Gemüsesorten sind nämlich besonders süß. Sie schmecken den Pandas, und daher freuen sie sich sogar auf den Tierarzt, weil sie wissen, dass sie diese Leckereien während seiner Untersuchung vom Tiertrainer bekommen. Bestimmt hast Du schon einmal ein Zuckerl oder eine Schokolade bekommen, wenn Du Dich vom Arzt hast untersuchen lassen.

Auch eine Innenanlage steht den Pandas in Schönbrunn zur Verfügung

Wenn Pandas miteinander spielen, geht es dabei ganz schön wild zu. Sie teilen Prankenhiebe aus oder beißen sich gegenseitig ins dichte Fell. Würden sie das – selbst in spielerischer Absicht – bei ihren Tierpflegern machen, wären Verletzungen zu befürchten. Erwachsene Pandas werden deshalb im Tiergarten Schönbrunn im „geschützten Kontakt" gepflegt. Das bedeutet, dass die Tierpfleger nicht zu den Pandas in die Anlage gehen. Wird die Anlage gereinigt oder Futter ausgelegt, holen sie die Pandas zuvor in einen anderen Teil des Geheges. Kontakt, wie etwa bei den Untersuchungen, gibt es nur durch ein Gitter.

Eine Panda-Bärin als Künstlerin

Dass sich mit Pandas eine Blutabnahme üben lässt, hast Du schon gelesen. Man kann Pandas aber auch beibringen, zu malen. Um einen Bildband über Große Pandas zu finanzieren, hat Yang Yang gelernt, einen eigens angefertigten Bambuspinsel zu halten und damit abstrakte Bilder zu schaffen. Der Verkauf der Bilder bringt das nötige Geld, und Yang Yang hat eine tolle Beschäftigung, die ihr Spaß macht und auch Leckerlis bringt.

Von 2016 bis 2018 zog Panda-Mutter Yang Yang im Tiergarten Schönbrunn ganz alleine Zwillinge auf

Bei Panda-Weibchen ist es auch sehr spannend, wenn man Ultraschall-Untersuchungen durchführen kann. So lässt sich schon vor der Geburt feststellen, ob ein Jungtier im Weibchen heranwächst. Ein Panda-Jungtier ist bei der Geburt ja nur so groß wie ein Hamster. Deshalb ist einem Weibchen nicht anzusehen, ob es trächtig ist.

Für die Geburt zieht sich die Panda-Dame in eine Höhle zurück. Hier ist sie völlig ungestört. In Schönbrunn gibt es eine gezimmerte Höhle hinter den Kulissen, die mit einer Kamera ausgestattet ist. So können die Pfleger und Zoologen beobachten, ob mit dem Muttertier und dem Jungtier alles in Ordnung ist, ohne dass sie direkt in die Höhle hineinschauen müssen.

In Wien sind schon vier Mal Pandajunge zur Welt gekommen. 2016 waren es sogar Zwillinge, die von ihrer Mutter Yang Yang ganz alleine großgezogen wurden. Das ist eine Besonderheit, die zuvor in keinem Zoo und keiner Panda-Station gelungen ist!

Es ist wirklich beachtlich, wie behutsam eine Pandamutter mit ihren großen Pfoten und langen Krallen ihr winziges Jungtier halten kann. Umso erstaunlicher, dass Yang Yang das sogar mit zwei kleinen Pandas geschafft hat. Dabei hatte sie einen tollen Trick: Um sich in der Höhle umzudrehen und anders hinzusetzen, hat sie oft ein Jungtier ins Maul genommen.

Viele Pandas brauchen viel frischen Bambus. Dieser wird alle zwei Wochen von einer großen Plantage in Südfrankreich mit dem Kühl-LKW nach Wien gebracht. Damit im Notfall auch einmal kurzfristig Bambus in den Tiergarten geliefert werden kann, gibt es eine Stunde von Wien entfernt zudem noch eine kleine Plantage. Hier wachsen andere Bambusarten als in Frankreich und sorgen somit auch für Abwechslung auf dem Speiseplan der Pandas. Leider ist der Winter in Österreich kalt und trocken. Deshalb kann der Bambus hier nicht so gut gedeihen wie in Frankreich oder in China.

Großes Panda-Quiz

Du weißt jetzt sehr viel über Große Pandas, ja, Du bist ein richtiger Experte auf diesem Gebiet geworden! Wenn Du Lust hast, kannst Du einmal ausprobieren, was Du Dir alles gemerkt hast.
Kreuze bei jeder Frage eine oder mehrere Antworten mit dem Bleistift an und schau am Schluss auf Seite 64 nach, ob Du richtig getippt hast. Manchmal sind auch mehrere Lösungen korrekt. Und nun viel Spaß!

1. Wann wurde der Große Panda erstmals wissenschaftlich beschrieben?

a) vor 1 500 Jahren ❍
b) vor 550 Jahren ❍
c) vor 150 Jahren ❍

2. Wer sind die nächsten Verwandten des Großen Pandas?

a) Der Kleine Panda ❍
b) Kleinbären wie Waschbär und Nasenbär ❍
c) Großbären wie Braunbär und Eisbär ❍

3. Wie alt können Große Pandas werden?

a) 5 Jahre in der Natur, im Zoo bis zu 12 Jahre ❍
b) 20 Jahre in der Natur, im Zoo bis zu 38 Jahre ❍
c) 50 Jahre in der Natur, im Zoo bis zu 79 Jahre ❍

4. Wo leben Große Pandas?

a) In Bergwäldern ❍
b) In tief gelegenen Tälern ❍
c) Auf Bergwiesen ❍

5. Warum fressen Große Pandas so viel?

a) Sie merken nicht, wann sie satt sind ❍
b) Sie können ihre Nahrung nicht effektiv verdauen ❍
c) Sie müssen sich eine Speckschicht für die Winterruhe anfressen ❍

6. Wer hilft Pandas bei der Verdauung?

a) Bakterien im Darm ❍
b) Viren im Magen ❍
c) sogenannte Mahlsteine im Magen-Darm-Trakt ❍

7. Warum bewegen sich Pandas möglichst wenig?

a) Sie sind notorische Faulpelze ❍
b) Sie vermeiden Bewegungen, um Feinden nicht aufzufallen ❍
c) Sie sparen Energie ❍

8. Warum ist es für Pandas gefährlich, wenn der Bambus blüht?

a) Weil der Bestand der jeweiligen Bambusart danach meist stirbt ❍
b) Weil sie hochgradig allergisch auf Bambuspollen reagieren ❍
c) Weil die Bambusblüten sehr giftig sind ❍

9. Wie leben Pandas?

a) als Einzelgänger ❍
b) paarweise ❍
c) in Familiengruppen ❍

10. Wie sehen neugeborene Pandajunge aus?

a) rosa; weißer Haarflaum; Augen und Ohren sind geschlossen ❍
b) braunweiß; schwarzer Haarflaum; Augen und Nase sind geschlossen ❍
c) schwarzweiß; Augen, Ohren und Nase sind geöffnet ❍

11. Wie lange bleibt das Pandajunge beim Muttertier?

a) ein bis drei Wochen ❍
b) ein bis drei Monate ❍
c) ein bis drei Jahre ❍

12. Wie viel wiegt ein Pandababy bei der Geburt?

a) etwa so viel wie eine Tafel Schokolade ❍
b) etwa so viel wie eine Tüte Milch ❍
c) etwa so viel wie ein 10-Kilogramm-Sack Kartoffeln ❍

13. Wodurch sind Pandas bedroht?

a) weil der Mensch ihren Lebensraum umwandelt und zerstört ❍
b) weil Haustiere Parasiten übertragen ❍
c) weil durch den Klimawandel wahrscheinlich weniger Bambus wachsen wird ❍

14. Wie viele Pandas gibt es heute noch in der Natur?

a) etwa 1 900 ❍
b) etwa 10 900 ❍
c) etwa 109 000 ❍

15. Wodurch werden Pandas geschützt?

a) Es wurden Schutzgebiete eingerichtet ❍
b) Die Jagd wurde verboten ❍
c) Wildtiertunnel und Bambuskorridore verbinden Lebensräume ❍

16. Wozu werden Pandas in Zoos und Nachzuchtzentren gehalten?

a) Ohne irgendeinen besonderen Zweck ❍
b) Um die Besucher über ihre Gefährdung aufzuklären ❍
c) Um sie zu erforschen und zu vermehren ❍

17. Wie tragen Zoos sonst noch zum Schutz von Pandas bei?

a) überhaupt nicht ❍
b) durch ihre Erforschung ❍
c) indem sie Schutzmaßnahmen in China unterstützen ❍

18. In welchen Zoos in deutschsprachigen Ländern kannst Du Pandas sehen?

a) Hamburg und Basel ❍
b) Wien und Berlin ❍
c) Salzburg und München ❍

19. Wodurch wurde eine Pandabärin im Tiergarten Schönbrunn berühmt?

a) Sie bläst Trompete ❍
b) Sie tanzt ❍
c) Sie malt ❍

20. Warum freuen sich die Pandas im Tiergarten Schönbrunn auf den Tierarzt?

a) Weil der Panda sich bei einer Untersuchung Leckerli verdienen kann ❍
b) Weil der Tierarzt den Bambus bringt ❍
c) Weil der Tierarzt das Gehege sauber macht ❍

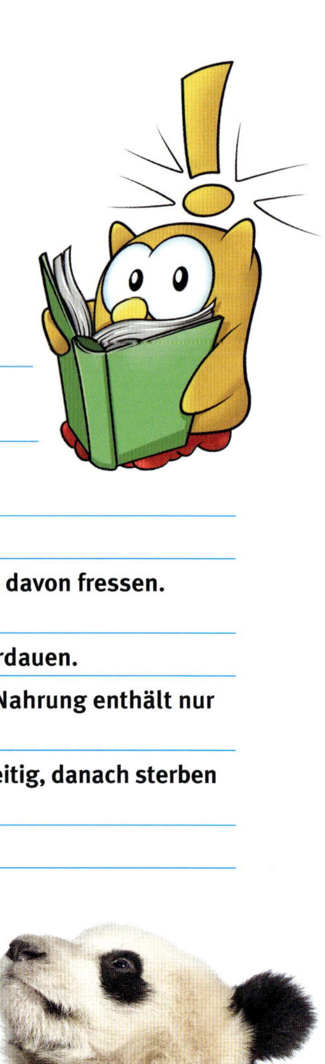

Lösungen zum Panda-Quiz:

1) c: Im Frühjahr 1868, also vor nur rund 150 Jahren, entdeckte der katholische Missionar Jean Pierre Armand David den Großen Panda und machte ihn bald der Wissenschaft bekannt.

2) c: Der Große Panda zählt zu den Großbären, ist also beispielsweise mit Braunbär, Schwarzbär und Eisbär verwandt.

3) b: In der Natur werden Pandas bis etwa 20 Jahre alt. Der älteste Panda eines Zoos erreichte ein Alter von 38 Jahren.

4) a: Pandas bewohnen Bergwälder zwischen meist 1 200 und 3 000 Metern Höhe.

5) b: Weil Pandas Bambus nicht effektiv verdauen können, müssen sie große Mengen davon fressen. Eine Winterruhe halten sie nicht.

6) a: Nützliche Bakterien in ihrem Darm helfen den Pandas dabei, ihre Nahrung zu verdauen.

7) c: Pandas bewegen sich wenig und schlafen viel, um Energie zu sparen, denn ihre Nahrung enthält nur wenig Nährstoffe.

8) a: Alle 15 bis 130 Jahre blühen sämtliche Bambuspflanzen der jeweiligen Art gleichzeitig, danach sterben sie meist ab. Somit fehlen sie den Pandas dann als Nahrungsquelle.

9) a: Pandas sind Einzelgänger.

10) a: Pandas kommen mit weißem Haarflaum zur Welt, durch den die rosa Haut schimmert. Augen und Ohren sind anfangs geschlossen.

11) c: Ein Panda-Jungtier bleibt ein bis drei Jahre bei seiner Mutter.

12) a: Ein neugeborener Panda bringt nur etwa so viel wie eine, höchstens zwei Tafeln Schokolade auf die Waage.

13) a, b, und c: Pandas sind durch Zerstörung ihrer Lebensräume bedroht, außerdem durch Parasiten, die von Haustieren übertragen werden. Und aufgrund des Klimawandels wird wohl zukünftig weniger Bambus wachsen.

14) a: Derzeit leben in der Natur etwa 1 900 Große Pandas.

15) a, b, und c: Die Jagd auf Pandas ist heute streng verboten. In Schutzgebieten können sie weitgehend ruhig leben. Und Wildtiertunnel sowie Bambuskorridore verbinden ihre Lebensräume.

16) b und c: Zoos klären ihre Besucher über die Lebensweise, aber auch die Gefährdung von Pandas auf. Dort geborene Jungtiere bilden sozusagen eine Reserve für die Bestände in der Natur.

17) b und c: Zoos unterstützen Schutzmaßnahmen in China durch Geld und sonstige Hilfestellungen. Außerdem werden die Pandas in Zoos intensiv erforscht – und je besser man sie kennt, umso besser kann man sie auch schützen.

18) b: In deutschsprachigen Ländern kannst Du derzeit (2021) Pandas nur in den Zoos von Wien (Österreich) und Berlin (Deutschland) bewundern.

19) c: Panda-Weibchen Yang Yang im Tiergarten Schönbrunn in Wien, Österreich, malt Bilder, die im Rahmen eines Buchprojekts verkauft werden.

20) a: Die Pandas in Wien freuen sich über einen Tierarzt-Besuch, weil es bei Untersuchungen Leckerli gibt, zum Beispiel Karotte und Süßkartoffel.

Entdecke die Reihe mit der Eule!

Entdecke die Eulen

Entdecke die Greifvögel

Entdecke die Geier

Entdecke die Rabenvögel

Entdecke die Spechte

Entdecke die Finken

Entdecke die Spatzen

Entdecke die Eisvögel

Entdecke die Zugvögel

Entdecke die Singvögel

Entdecke die Meisen

Entdecke die Kraniche

Entdecke die Störche

Entdecke Schwäne, Gänse & Enten

Entdecke die Möwen

Entdecke die Pinguine

Entdecke die Papageien

Entdecke die Kolibris

Entdecke die Fledermäuse

Entdecke die Hunde

Entdecke die Kühe

Entdecke die Pferde

Entdecke die Esel

Entdecke die Nagetiere

Entdecke die Igel

Entdecke die Maulwürfe

Entdecke die Waschbären

Entdecke die Biber

Entdecke die Otter

Entdecke heimische Wildtiere

Entdecke die Wölfe

Entdecke die Bären

Entdecke die Tiger

Entdecke die Menschenaffen

Entdecke Affen und Lemuren

Entdecke die Hyänen

Entdecke die Pandas

Entdecke die Elefanten

Entdecke die Nashörner

Entdecke die Erdmännchen

Entdecke die Beuteltiere

Entdecke die Robben

Natur und Tier - Verlag GmbH
An der Kleimannbrücke 39/41 · 48157 Münster
Telefon: 0251 - 13339-0 · Fax: 0251 - 13339-33
E-Mail: verlag@ms-verlag.de · www.ms-verlag.de